La Centena

Poesía

De cómo Robert Schumann fue vencido por los demonios

Francisco Hernández

Verdehalago

Consejo Nacional para la Cultura y las Artes

Coordinación editorial: Víctor Manuel Mendiola
Fotografía: Laura Ulloa

1a. edición: 2001

D.R. © 1994, 1996, 2001 Francisco Hernández
D.R. © 2001 Verdehalago, Cristina Leticia Jiménez Vázquez,
           Alicante 157, col. Postal, CP 03410, México, D.F.
           Teléfono 56 96 77 78 Fax 56 96 78 14
           gnomos@verdehalago.com.mx
           http://www.verdehalago.com.mx
D.R. © 2001 Consejo Nacional para la Cultura y las Artes

ISBN CONACULTA: 970-18-7326-2
ISBN Verdehalago: 970-680-114-6

Impreso y hecho en México

De cómo Robert Schumann fue vencido por los demonios

Podría ser que la música y la poesía fueran una misma cosa, o tal vez dos cosas que se necesitan mutuamente como la boca y el oído, pues la boca no es más que un oído que se mueve y que contesta.

NOVALIS

Miro la música de Schumann
como se ve un libro, una moneda
o una lámpara.
Ocupa su lugar en la sala situándose,
con movimientos felinos,
entre el recuerdo de mi padre
y el color de la alfombra.
De pronto, pájaros muertos
estrellan las ventanas.
Yo miro la música de Schumann
y escribo este poema
que crece con la noche:

I

Hoy converso contigo, Robert Schumann,
te cuento de tu sombra en la pared rugosa
y hago que mis hijos te oigan en sus sueños
como quien escucha pasar un trineo
tirado por caballos enfermos.
Estoy harto de todo, Robert Schumann,
de esta urbe pesarosa de torrentes piomizos,
de este bello país de pordioseros y ladrones
donde el amor es mierda de perros policías
y la piedad un tiro en parietal de niño.
Pero tu música, que se desprende
de los socavones de la demencia,
impulsa por mis venas sus alcoholes benéficos
y lleva hasta mis ligamentos y mis huesos
la quietud de los puertos cuando el ciclón se acerca,
la faz del otro que en mí se desespera
y el poderoso canto de un guerrero vencido.

II

Un piano cubierto de mariposas blancas.
Un río que arrastra novecientos violines.
Un *cello* aplastado por máquinas de guerra.
Unos dedos deformes que acarician un libro.
(Así te sueño, así te sufro en el insomnio
aterido por estruendos lejanos.)

Cuando naciste surgió en el bosque
una inquietud extraña.
Criaturas belcebúes vertieron en un claro
el azogue de Los Gemelos
y una quemazón de unicornios
cimbró con su galope
el vértigo de la penumbra en disonancia.
—Este niño tiene que ser un santo a su manera,
dijo tu padre al contemplar tus manos.
—Será mi luz intensa, dijo tu madre
con los ojos vendados.
La mesa tuvo espigas
y relucieron lágrimas en las paredes.
Doblaron las campanas de la capilla
sin que nadie —ni el viento— las tocara.
Búhos destronados por cornejas
instrumentaron tu canción de cuna
y la noche te tomó en sus brazos
como a un relámpago recién nacido.

IV

No existen los dedos del pianista.
Una lluvia ligera moja el teclado.

V

Te persiguen abejas por el campo.
Corres, saltas, vibras, te lanzas al río y,
bajo el agua, escuchas por primera vez
la música de tu alma.

VI

Para que salga el sol, música de Schumann.
Para destejer un tapiz, música de Schumann.
Para besar a mi mujer, música de Schumann.
Para morder una manzana, música de Schumann.
Para quemar una bandera, música de Schumann.
Para volver a la infancia, música de Schumann.
Para que baile Mozart, música de Schumann.
Para clavar una daga, música de Schumann.

En la primavera conociste a la niña Clara.
Ella jugaba dentro de una jaula
con los címbalos y el armonio
que la escoltaban desde su nacimiento.
De los címbalos partía la ráfaga
que corta los glaciares.
Del armonio brotaba El Intervalo del Diablo,
que al transformarse en burbuja
iba de las guirnaldas de yeso
a los enigmas de raso
y de las margaritas enrojecidas
al temblor de tus años.
Desde ese instante se azufraron las fuentes
y tu risa tuvo la forma
de los labios de la niña Clara,
del corazón maduro de la niña Clara,
de la gracia enjaulada de la niña Clara.

El arroz en la cocina huele a estancias lejanas
y mis hijos inventan en su cuarto mundos mejores.
Yo me siento colgado de una lámpara y observo:
un lago sin peces revienta en el centro de la sala.
Los helechos confirman nostalgias de Borneo
y tienden sus ventosas hacia las olas del sonido.
La orquesta hunde sus brazos en los cantos dorados,
Casals es un lento camino de ceniza.
En la ventana hay nubes que bajan para oírte.
En el balcón una paloma empolla su versión del silencio.
Es marzo afuera. El domingo moja sus dedos en la fuente,
el surtidor dibuja el movimiento impar de la frescura
y el viento agita el árbol de tu música.

—Para escribir una canción que empiece en anacrusa,
es necesario portar un traje de terciopelo negro
y nadar en el Rin a la luz de la luna, decías,
mientras tu silueta de larga cabellera silbaba el
rondó de un músico polaco.
Entonces tu rostro revelaba el surco de las arrugas
y se confundía con el humo de tu pipa
y la espuma de tu cerveza.
Una caravana de recuerdos extensos te rodeaba con
la firmeza de las madres que abrazan a sus hijos hasta
asfixiarlos.
Por tu mente cruzaban las golondrinas de Zwickau
y en ese torbellino de imágenes celestes
mordisqueabas los dedos de la niña Clara
y su fiel transparencia de racimo.
Súbitamente detenías el curso de tu sangre.
Arrojabas la cerveza a la cara de Dios, apagabas tu
pipa en la nariz del Diablo y gritabas, como un rey
criminal entumecido:
—¿Por qué tenía que estar yo en el centro de la tormenta?

X

El pianista cubre de rosas el teclado.
No le importa el perfume. Lo hace por las espinas.

XI

Imaginabas con el corazón
que contiene las yemas de los dedos
y con la firme raíz de tu reflejo.

Imaginabas con la temperatura de tus orejas,
con los músculos tensos de tu espalda
y con la sal que agrietaba tu bóveda palatina.

Imaginabas con tu aire de personaje ficticio,
con las escamas de tu garra futura
y con el polvo que se adhería a tus zapatos.

Y sin embargo, Robert Schumann,
nunca imaginaste que aquella noche
de los besos primeros a la niña Clara,

el triste viejo Wieck, el padre gallináceo
asesor de la muerte, se fue a dormir
en posición fetal con un crucifijo entre los dientes.

XII

Después de los conciertos, la niña Clara era obligada por el viejo Wieck a lavar cacerolas y pelar legumbres en la cocina.

Con los ojos hinchados ejecutaba romanzas para cebolla y filo de cuchillo, mientras pensaba en cortarse los dedos para servírselos a su padre amantísimo en una sopa humeante.

La niña Clara camina por la playa
en el límite justo de las olas.
El color de su piel toca la espuma.
El caracol aprende sus palabras.

La niña Clara camina por el bosque
con agujas de pino entre los labios.
Pasa un azul de plumas invisibles.
Una pared de hiedra se levanta.

La niña Clara camina por la nieve
con los ojos cerrados y las manos abiertas.
En sus dedos hay flores de Turingia.
En sus ojos tigres de Bengala.

XIV

El viejo Wieck te odiaba.
¿Cuántas veces te amenazó de muerte?
Te llamaba borracho y manirroto,
te escupía recordándote la locura
y el suicidio de tu hermana.
Sospechaba que tal enfermedad era tu herencia:
no quería ese destino para su hija,
la codiciada flor del estipendio.
Pero en esa ocasión la ley se puso del lado del amor
y el primero de agosto de 1840
la Corte dio su veredicto:
Clara Wieck y Robert Schumann podían casarse
sin el consentimiento del padre de la novia.
El día de la boda amaneció frío y borrascoso.
Sin embargo, camino de la iglesia
desaparecieron los nubarrones
y el sol salió a relucir.
La niña Clara apenas tocaba el aire al respirar.
Cada uno de tus pensamientos
provenía de su frente
y cada gota de sangre
repetía himnos en serenas claves.

En la buhardilla de su rabia,
el viejo Wieck hacía tintinear monedas
entre los dedos sarmentosos.
Ésa era la música que realmente amaba.

XV

El pianista sueña que se ahoga;
que un lobo de fuego le devora las manos.

Para que ruede la luna, música de Schumann.
Para pintar un bosque, música de Schumann.
Para pulir una medalla, música de Schumann.
Para que llegue el viernes, música de Schumann.
Para seguir a las hormigas, música de Schumann.
Para encender fogatas, música de Schumann.
Para que cante el ruiseñor, música de Schumann.
Para recordar a Jomí, música de Schumann.

El sueño recurrente de la niña Clara: en una isla remota, donde las nubes se funden con los árboles y llueve sin cesar, una muchacha lee la *Crítica de la razón pura* a la sombra de una choza.

Un grupo de caníbales, perteneciente a la tribu de Los Cortadores de Cabezas, la mira durante horas, casi sin respirar y sin mover los párpados.

Ella, incapaz de enfrentar aquellos ojos, le da vuelta a las páginas con un temblor que ahuyenta los mosquitos.

Los nativos que la cercan desconocen el amor y la distancia, la soledad, el acto de mirar y la nostalgia.

Ella los recordará siempre que llueva.

Ellos soñarán con su garganta sin saber qué es un sueño y la olvidarán lentamente sin saber que la olvidan.

XVIII

Durante la revuelta de 1849, en Dresde,
las balas salieron a las calles con la consigna de zurcir
entrañas y doblar esquinas.
Una de ellas perforó tu sombrero alado.
Otra mordió una hombrera de tu levita.
Ante tus ojos se derrumbaban cúpulas,
leones de piedra y amantes abrazados.
Orquestas completas fueron destruidas a cañonazos.
Al ver un ángel sin cabeza
tus nervios estallaron.
Y huiste con la mirada baja,
musitando el salmo de la cobardía.
Antes de partir, lograste llegar a una trinchera
para decirle a Wagner:
—Vámonos. Aquí la muerte nos espera…
Y Wagner, que trepaba a una torre para lanzar volantes,
replicó:
—Márchate si quieres. La muerte sabe
que yo soy inmortal.
Y atrás dejaste la Florencia germana

sabiéndote vacío y sucio,
símil de alcantarillas
que hasta las ratas desprecian.

XIX

Eras dos, Robert Schumann,
dos gemelos distintos en un solo cerebro
verdadero.
Uno quería que tu corazón
se enterrara dentro de un violín
y el otro que se sembrara
en una maceta.
Uno quería que tu mano derecha
se sepultara dentro de un clavicordio
y el otro que se guardara
en un barril de cerveza.
Uno quería que tu voz
se callara dentro de un caramillo
y el otro que resonara
dentro de una muchacha.
Eras dos, Robert Schumann,
dos gemelos distintos viviendo al borde
de un ventisquero.

XX

—Si pudieras oír la música que gira en mi cabeza,
le decías a Brahms ahorcándolo, sacudiéndolo,
persiguiéndolo por todos los incendios
que adornaban tu casa.

Envuelto en grueso abrigo negro, recortado por la nieve, sobresale tu corpachón de oso en el lado derecho del trineo.

La niña Clara, acurrucada junto a ti, sufre intensos dolores en los tendones.

Tú piensas en componer un concierto o un cuarteto de sombras,

ella recuerda la tibieza de los hijos lejanos.

El trineo aumenta su velocidad. Restalla el látigo.

Te quitas la escarcha de los ojos y ves a la docena de lobos que los sigue.

Tratas de despertar pero no es un sueño. Clara se petrifica. Imagina su cordial y su índice desgarrados por los colmillos.

Siente el aliento de las fieras. Y sabe, con absoluta precisión, que lo más triste de la muerte es carecer de música.

El conductor dispara. Cae el lobo que encabeza la manada. Su derrame convoca los resplandores del crepúsculo.

Su cadáver sin rabia, sus músculos inertes, detienen al resto de las bestias.

El trineo se aleja.
Un aullido se congela en el horizonte.
Un líquido caliente moja tus pantalones.

XXII

El pianista sale a buscar acordes en las catedrales.
Encuentra patas de gallo en los altares.

XXIII

Ni el coñac mezclado con agua.
Ni las descargas eléctricas.
Ni los emplastos de hierbas milagrosas.
Ni la sangre de toro recién sacrificado.
Nada, ni los besos de la niña Clara,
devolvieron la vida a los dedos
que aniquilaste en tu mano derecha.

XXIV

De lo que se pierden los muertos.
De un cielo intensamente azul
con nubes rápidas.
Del agua fresca en la garganta.
De flores amarillas en los árboles.
Del mar a pleno sol.
Del mar con norte.
Del cuerpo de mujer.
De tu música.

XXV

El pianista toca los pechos de su amante.
Pitan los barcos, gimen las ballenas.

La canción de la noche te sorprendió callado.

El mundo puso a tus pies su música incansable.

Frenético, con el semblante descompuesto por la fiebre, comenzaste a transcribir el *adagio* de astros que se deshacían en la otra pieza,

el *scherzo* de un árbol contra otro, el *prestissimo* de tu respiración condenada.

Ángeles curvos llevaron tu vigilia hasta laberintos de pausas y graznidos, lejos de la clemencia y los lineamientos de la razón.

Un águila cruzó los Alpes y llegó a posarse sobre tu hombro.

Dos arcoiris se proyectaron en el espejo.

Una catarata brotó de una sortija y con esas visiones construiste los arabescos que muchos fariseos tardarán siglos en descifrar.

Pero también hicieron su entrada los demonios.

Sus oratorios te llenaron el pulso de basiliscos y los bolsillos de táleros, relojes y papel pautado.

Te ordenaron huir y saliste con el pecho desnudo a la tormenta.

Sin saber cómo llegaste a la mitad de un puente y las voces que roían tu cerebro hicieron posible la caída.

En el fondo del río escuchaste por última vez la música de tu alma y del sumidero de los ahogados se desató el olor de la inocencia.

Una red te hizo salir a la superficie.

Un pescador te subió a su barca.

Las voces de ángeles y demonios habían cesado.

Sólo se oyó la tuya que clamaba:

—¡Debo obedecer a los dueños del silencio!

¡No soy digno del amor de Clara!

Al regresar, ya te esperaban en tu casa los enfermeros.

La niña Clara, encinta nuevamente y dichosa por tu regreso, te aguardaba en la puerta con una naranja y un ramo de violetas.

XXVII

El viejo Wieck tenía piojos
y al alba vomitaba un líquido verdoso.
Traficaba con pianos y partituras, seducía niños
a los que daba clases de solfeo y pronunciaba
¡Robert! cada vez que oía la palabra inmundicia.
Su colección de látigos sólo era comparable, en número,
a las pústulas que le brotaban en las ingles
y las axilas, por haber descubierto
atisbos de virtud en sus remordimientos.
Al acostarse, rezaba para que tus hijos resultaran
idiotas, tuberculosos o morfinómanos, y después se
enjuagaba la boca con agua bendita para no tener
pesadillas.

XXVIII

Sueñas una sola nota sostenida.
Sueñas flores que se convierten en cicatrices.
Sueñas que tus hijos se vuelven locos y escriben versos.
Sueñas las carcajadas de Félix Mendelssohn.
Sueñas tu lengua transportada por delfines.
Sueñas tus restos devorados por hienas.
Sueñas que cruzas el río Mulde
con la niña Clara de la mano
y que todo el pueblo entona tus canciones.

XXIX

Dos años después de tu zambullida en el Rin, la niña Clara
llegó a visitarte por última vez al manicomio de Endenich.
El atardecer rodeaba de angustia su cabello.
El aire tenía peso de vapor subterráneo.
Creyendo que era la más reciente composición de
Brahms le tendiste los brazos y te aferraste a ella con la
serenidad de quien ya no es dueño de sí.
Tus rasgos delataban escenas infantiles y alrededor todo
parecía sagrado.
Súbitamente aparecieron las convulsiones y el tono más
alto del delirio.
¿Te acuerdas? Veías a la niña Clara como a un cisne de
velada ternura,
como a una estrella errante que se transfiguraba en gota
de cera al caer sobre un manto de muselina.
Ella, al adivinar la sed que te abrasaba, humedeció sus
dedos en vino y los llevó a tus labios para que recuperaras
el estado de gracia.
Antes de traspasar Las Puertas de Marfil o de Cuerno,
pronunciaste tus últimas palabras: *mi y conozco.*

Querías decir mi Clara y que ya conocías el rostro de Dios, que es el rostro de la nada.

La niña Clara salió a rogar por tu descanso y al volver, supo que el espíritu había sido arrancado de tu cuerpo. Te coronó de mirtos, se arrodilló ante la quietud que te cubría con su arena finísima y pidió a los demonios fortaleza para poder vivir sin ti.

XXX

Cuatro cirios iluminan el piano cerrado.
Flota en el aire una canción de cuna.

ÍNDICE

I. 10

II. 11

III 12

IV 13

V 14

VI 15

VII. 16

VIII 17

IX 18

X 19

XI 20

XII. 21

XIII 22

XIV 23

XV 25

XVI. 26

XVII 27

XVIII 28

XIX 30

XX 31

XXI 32

XXII 34

XXIII 35

XXIV 36

XXV 37

XXVI 38

XXVII 40

XXVIII 41

XXIX 42

XXX 44

Francisco Hernández:	*De cómo Robert Schumann fue vencido por los demonios*
Cuidado de edición:	Claudia Pacheco
Corrección:	Alma Delia Hernández Priego
	Verónica C. Cuevas Luna
Tipografía:	11:14 Times
Negativos e impresión:	Verdehalago
Encuadernación:	Gráficos Leo
	Cheran lt. 49 mz. 3
	col. Triángulos
	Iztapalapa, México, D. F.
Tiraje:	10 000 ejemplares
Edición:	1ª, noviembre 2001
Colección:	*La Centena / Poesía*